Elsbeth Bihler

Mit Kindern Advent und Weihnachten feiern

Ideen für Familie, Kindergarten und Grundschule

Mit Illustrationen von Eve Jacob

Lahn-Verlag

Inhalt

Gedicht: Werde still und staune 4
Vorwort 5
Geschichte: Advent heißt Ankunft 6
Lied: Warten auf Gottes Sohn 7
Besinnung: Wir warten auf Jesus 8
Aus der Bibel: Der Türhüter 9
Besinnung: Türen an uns 10
Basteln: Türen öffnen 11
Lied: Macht die Türen auf 12
Spielanleitung zum Lied 13
Gebet: Du willst zu uns kommen 13
Backen: Weihnachtsplätzchen aus Mürbteig 14
Gedicht: Advent, Advent 15
Lied: Das wachsende Licht 16
Spiel: Vom Licht, das nicht verlöschen darf 17
Lied: Ein Licht leuchtet auf in der Dunkelheit 19
Gedicht: Kleine Kerze, leuchte 20
Gebet: Zeige uns dein Licht 20
Geschichte: Die Geschichte vom Weihnachtslicht 21
Bildbetrachtung: Hoffnungszweig 23
Aus der Bibel: Der Baumstumpf Isais 23
Anschauung: Der grüne Zweig 24
Geschichte: Der Tannenbaum 25
Gebet: Zeichen der Hoffnung und Freude 25

Inhalt

Lied: O Tannenbaum 26
Basteln: Tannenbaum aus Tonpapier 26
Spiel: Der Stern von Betlehem 27
Lied: Er leuchtet still 28
Sternentanz zum Lied 28
Geschichte: Eine Wintergeschichte 29
Verklanglichung der Geschichte 31
Basteln: Sternenkerzenständer 32
Gestaltung: Einen Stern gestalten 32
Aus der Bibel: Bereitet dem Herrn den Weg 33
Besinnung: Johannes ist ein Bote 34
Spiel: Johannes der Täufer 35
Gestaltung: Auf dem Weg zur Krippe 37
Sprechspiel: Auf dem Adventsweg 38
Maria und der Engel 38
Aus der Bibel: Ich bin die Magd des Herrn 39
Josef 40
Aus der Bibel: Josef hört auf Gottes Wort 41
Besinnung: Gott will bei uns sein 42
Aus der Bibel: Jesus ist geboren 43
Hirten und Schafe 44
Aus der Bibel: Sie fanden das Kind in der Krippe 45
Könige 46
Aus der Bibel: Sie machten sich auf den Weg 47
Quellennachweis 48

Werde still und staune

Werde still und staune:
Gott ist Erdenkind.
Eine neue Zeit beginnt,
und der Stern singt Freude.

Werde froh und hoffe:
Gott will mit uns sein.
Alle Menschen lädt er ein,
und der Stern singt Liebe.

Werde neu und liebe:
Gott will Retter sein,
uns aus Schuld und Angst befrein.
Und der Stern singt Friede.

Christa Peikert-Flaspöhler

Vorwort

Advent und Weihnachten sind für Kinder sehr dichte Zeiten. Sie erwarten voller Freude das Weihnachtsfest. Symbole und Zeichen wie Licht, Weg, Tür, Krippe, grüne Zweige usw. weisen auf Weihnachten hin.
Dieses Buch möchte Anregungen geben, die Advents- und Weihnachtszeit mit den genannten Symbolen zu gestalten.
Der Advent kann so wirklich ein Warten auf die Ankunft Jesu sein und Weihnachten beginnt nicht – wie es in unserer Gesellschaft immer mehr „normal“ wird – schon vor dem Advent.
Mit Geschichten, Liedern, Stilleübungen, biblischen und besinnlichen Texten sowie Bastelanregungen werden die Kinder an die adventlichen Symbole herangeführt, Figuren der Krippe werden vorgestellt, die – wie wir – auf dem Weg zum Stall in Betlehem sind, bis dann an Weihnachten das Jesuskind geboren wird.

Elsbeth Bihler

Advent heißt Ankunft

Sarah ist mit ihrer Mutter in der Kirche. Sie steht vor einem schönen Bild. „Sieh mal, Mama, da ist der Engel, der zu Maria gekommen ist."
Im Kindergarten hat Sarah die Geschichte gehört. Und Sarah erzählt, dass der Engel zu Maria gesagt hat: Du sollst die Mutter von Gottes Sohn werden!
„Und weißt du was, Mama?", sagt Sarah, „deshalb feiern wir Weihnachten. Weil Maria Ja gesagt hat und weil dann Jesus geboren wurde."
„Stimmt", sagt Mama, „deshalb ist ja auch der Advent so wichtig."
„Was ist Advent?", fragt Sarah. „Advent", sagt Mama, „das bedeutet Ankunft. Gott will bei den Menschen ankommen. Darauf warten wir. Wir warten auf Gottes Sohn. Wir warten immer mehr. Deshalb zünden wir jede Woche eine weitere Kerze am Adventskranz an."
„Und ich darf jeden Tag ein Türchen am Adventskalender aufmachen", sagt Sarah. „Aber, Mama, bei Tina im Garten, da steht schon ein Weihnachtsbaum. Muss Tina nicht warten?"
„Ja, das ist schade. In vielen Gärten stehen schon Weihnachtsbäume im Lichterschein. Die Menschen können nicht mehr warten."
„Aber wir", sagt Sarah. „Ja", sagt die Mutter, „wir wollen warten, damit

das Weihnachtsfest dann richtig schön wird. – Komm, als Versprechen dafür zünden wir hier eine Kerze an und stellen sie zu den anderen an diesem schönen Bild."
Mama zündet eine Kerze an und Sarah darf sie zu den anderen stellen.

Und Sarah sagt: „Jesus, wir warten auf dich. Ich freu mich richtig doll, wenn du kommst. Das wird ein schönes Fest!" „Amen!", sagt die Mutter und beide gehen aus der Kirche.

Elsbeth Bihler

Warten auf Gottes Sohn

Text: *Burkhard Fuchs*
Melodie: *Albert Hammond*

Wir warten auf Jesus

(Die Kinder und die Erzieherin sitzen im Kreis. In der Mitte steht ein Adventskranz, an dem die erste Kerze brennt.)

Wir sitzen ganz still.
Wir legen die Hände zusammen.
Wir schauen eine Weile
auf die erste Kerze,
die am Adventskranz brennt.

Wir schließen die Augen.
Jetzt sind wir ganz bei uns.
In uns wird es ruhig.
Jeder ist für sich.

Wir öffnen die Hände
und breiten die Arme aus.
Wir suchen die Hände
der Kinder neben uns.

Wir reichen uns die Hände.
Wir spüren: Wir sind nicht allein.
Wir sind miteinander hier,
ruhig und friedlich.

Wir öffnen die Augen.
Wir schauen auf die Kerze.
Wir sind ganz still.
Wir warten.
Wir warten auf Jesus.
Er will kommen.
Als kleines Kind.
Weihnachten.

Wir sind ganz still.
Wir warten.
In uns ist es ruhig.
Jetzt kann Gott zu uns kommen.

Der Türhüter

Jesus sagte zu seinen Freunden: Es ist nicht einfach, so zu leben, wie Gott es will. Irgendwann kommt Gott wieder in die Welt. Dann soll er euch wachsam finden! Passt also auf und bleibt wach! Denn ihr wisst nicht, wann Gott kommt.

Es ist wie mit einem Mann, der eine Reise machte. Er sagte zu seinen Dienern: Ihr müsst jetzt mein Haus bewachen und für alles sorgen. Jedem Diener gab er eine bestimmte Aufgabe. Der Gärtner musste den Garten pflegen, andere mussten im Haus Ordnung halten.

Dem Türhüter befahl er, wachsam zu sein und keine bösen Leute ins Haus zu lassen.

Er sagte zu den Dienern: Seid also wachsam! Denn ihr wisst nicht, wann ich, der Hausherr, wiederkomme, ob am Abend oder um Mitternacht oder erst am Morgen. Wenn ich komme, will ich nicht, dass ihr schlaft. Und Jesus sagte: Was für die Diener gilt, das sage ich euch allen: Seid wachsam! Öffnet eure Augen, eure Ohren und eure Herzen, damit ihr erkennen könnt, wann Gott kommt.

Nach Markus 13,33–37

Türen an uns

(Die Kinder und die Erzieherin sitzen im Kreis. Die Erzieherin hält einen Adventskalender in der Hand.)

An diesem Adventskalender wollen wir
jetzt im Advent jeden Tag eine Tür öffnen.
Wenn alle Türen offen sind,
dann ist Weihnachten,
dann ist Jesus geboren,
dann kommt Gott in die Welt.

Wir haben auch Türen an uns,
die wir für Gott öffnen können.
Wir wollen diese Türen jetzt entdecken.

Eine Tür an uns ist das Ohr.
Wir machen die Augen zu.
Wir hören auf alles, was um uns ist.
Gott, damit du zu uns kommen kannst,
öffnen wir unsere Ohren,
damit wir hören, was du uns sagen willst
durch die Menschen, mit denen wir leben.

Eine andere Tür ist das Auge.
Wir öffnen die Augen und schauen uns um.
Wir sehen die Gesichter der Menschen
um uns und schauen sie uns gut an.
In jedem Gesicht können wir dich sehen, Gott.
Wir können sehen, ob die Menschen
fröhlich oder traurig sind.

Eine andere Tür ist der Mund.
Mit dem Mund können wir
anderen Menschen von dir erzählen, Gott.
Mit dem Mund können wir gute Worte sagen.

Die wichtigste Tür, durch die wir
dich hereinlassen können, ist das Herz.
Werden wir einen Moment einmal ganz still
und spüren unser Herz.
Es klopft in unserem Körper.
Wir spüren es aber auch,
wenn wir andere sehr lieb haben.
Gott, wir möchten dich lieb haben,
damit du in unserem Herzen wohnen kannst.

Türen öffnen

Die Vorlagen vergrößern. Die große Tür im Rechteck ausschneiden. Die vier Türchen an den drei Seiten mit durchgezogenen Linien aufschneiden.
Auge, Herz, Mund und Ohr bunt anmalen, ausschneiden und auf die vier freien Flächen der zweiten Türvorlage kleben.
Dann diese zweite Vorlage ausschneiden und passend hinter die andere Tür kleben. Die Türchen verschließen und an jedem Adventssonntag bzw. für jede Adventswoche ein Türchen öffnen und in dieser Woche zu dem entsprechenden Thema etwas gestalten.

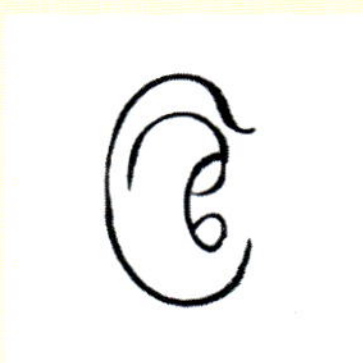

Macht die Türen auf

2. Tritt herein, tritt herein, schau das Wunder an,
wie ein Kind, wie ein Kind, uns verwandeln kann.
Macht die Türen auf …

3. Jesus kommt, Jesus kommt, lädt zum Frieden ein.
Lass den Streit, lass den Streit, es darf Weihnacht sein.
Macht die Türen auf ...

Text: *Rolf Krenzer*
Melodie: *Detlev Jöcker*

Spielanleitung zum Lied

Die Kinder stehen paarweise hintereinander, jeweils einander zugewandt. Die Paare fassen sich an den Händen.
Nacheinander heben die Kinder in der Reihe die Hände zu Toren hoch. Zwei Kinder am Rand beginnen durch die Tore zu gehen, wenn sie am Ende angelangt sind, bilden sie wieder ein Tor. Die weiteren Paare folgen.

Du willst zu uns kommen

Guter Gott,
du willst zu uns in die Welt kommen.
Wir müssen alle unsere Türen
weit aufmachen,
damit du auch zu uns kommst.
Hilf uns dabei. Amen.

Weihnachtsplätzchen aus Mürbteig

Zutaten: 500 g Mehl, 175 g Zucker, 1 Prise Salz, 1 TL Zimt, 2 Eier, 250 g Margarine oder Butter und etwas Mehl zum Ausrollen.

Für den Zuckerguss: 2 Eiweiß, 400 g Puderzucker und Lebensmittelfarbe.

Verzierung: Liebesperlen, Zucker- und Schokostreusel, Nüsse und Mandeln.

Zubereitung: Das Mehl auf die Arbeitsplatte sieben und in die Mitte eine Vertiefung drücken. Zucker, Salz und Zimt hineingeben. Die Eier in einer Tasse verquirlen und in die Mitte geben. Die sehr kalte Margarine oder Butter mit dem Messer in kleine Stückchen schneiden und auf den Mehlrand setzen. Nun die Zutaten in der Mitte verrühren, dabei schon etwas

Mehl untermischen. Dann mit beiden Händen alle Zutaten kräftig vermischen und gut durchkneten. Den Teig zu einer Rolle formen und mit Folie abgedeckt im Kühlschrank eine Stunde kalt stellen. Backbleche einfetten und mehlen oder mit Backtrennpapier belegen. Danach den Teig ausrollen, die Plätzchen ausstechen und auf die Backbleche legen.
Bei 200 °C (Gasherd Stufe 3) 10–15 Minuten backen.
Die Plätzchen auf einem Kuchengitter auskühlen lassen.
Mit dem Handrührgerät Eiweiß steif schlagen, den gesiebten Puderzucker unterrühren, bis ein dicker Guss entsteht. Die gesamte Menge auf mehrere Schälchen aufteilen und mit verschiedenen Lebensmittelfarben einfärben. Anschließend den Guss in Spritzbeutel füllen. Falls kein Spritzbeutel vorhanden ist, kann man diesen leicht selbst herstellen, indem man in die Spitze eines Gefrierbeutels ein ganz kleines Loch schneidet.
Die Plätzchen mit Zuckerguss anmalen und verzieren.

Advent, Advent

Advent, Advent, ein Lichtlein brennt.
Erst eins, dann zwei, dann drei, dann vier,
dann steht das Christkind vor der Tür.

Das wachsende Licht

2. Wir sagen euch an den lieben Advent.
Sehet, die zweite Kerze brennt.
So nehmet euch eins um das andere an,
wie auch der Herr an uns getan.
Freut euch, ihr Christen …

3. Wir sagen euch an den lieben Advent.
Sehet, die dritte Kerze brennt.
Nun tragt eurer Güte hellen Schein
weit in die dunkle Welt hinein.
Freut euch, ihr Christen …

4. Wir sagen euch an den lieben Advent.
Sehet, die vierte Kerze brennt.
Gott selber wird kommen, er zögert nicht.
Auf, auf, ihr Herzen, und werdet licht.
Freut euch, ihr Christen …

Text: *Maria Ferschl* / Melodie: *Heinrich Rohr*

Vom Licht, das nicht verlöschen darf

(Am Adventskranz brennen vier Kerzen. Ein Kind zeigt auf die erste Kerze und stellt ein Schild mit der Abbildung zweier Hände, die gereicht werden, daneben.)

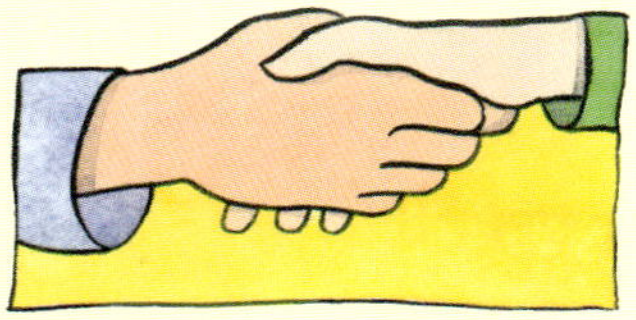

Kind: Dieses Licht heißt **Frieden**.

Erzieherin: Es leuchtet, weil es gut ist, wenn Menschen sich vertragen.

Alle Kinder: Halt!

Erzieherin: Habt ihr gesehen, wie Kinder sich streiten? In vielen Ländern der Erde hat der Krieg kein Ende. Familien gehen auseinander, weil Menschen sich nicht vertragen.

Alle Kinder: Auslöschen! Lösch das Licht aus!

(Das Kind löscht die Kerze aus).

(Ein Kind zeigt auf die zweite Kerze und stellt ein Schild mit der Abbildung eines Kreuzes daneben.)

Kind: Dieses Licht heißt **Glaube**.

Erzieherin: Es leuchtet, weil es Menschen gibt, die daran glauben, dass Gott bei uns ist und seinen Sohn Jesus zu den Menschen gesandt hat, damit alle Menschen froh werden können.

Alle Kinder: Halt!

Erzieherin: Die Menschen können nicht mehr warten. Sie vergessen, dass Jesus das Licht in die Welt bringt. Wer denkt schon daran, dass wir Weihnachten den Geburtstag von Jesus feiern?

Alle Kinder: Auslöschen! Lösch das Licht aus!

(Das Kind löscht die Kerze aus.)

Spiel

(Ein Kind zeigt auf die dritte Kerze und stellt ein Schild mit der Abbildung eines Herzens daneben.)

Kind: Dieses Licht heißt **Liebe**.

Erzieherin: Es leuchtet, weil Eltern für ihre Kinder sorgen und sie lieb haben. Es leuchtet, weil Menschen sich gegenseitig helfen und trösten.

Alle Kinder: Halt!

Erzieherin: Manche Eltern kümmern sich nicht um ihre Kinder. Manche Kinder sind gemein zu anderen und lachen sie aus. Manche Menschen haben niemanden, der sie lieb hat.

Alle Kinder: Auslöschen! Lösch das Licht aus!

(Das Kind löscht die Kerze aus.)

(Ein Kind zeigt auf die vierte Kerze und stellt ein Schild mit der Abbildung eines Lichtes daneben.)

Kind: Dies ist das letzte Licht. Es heißt **Hoffnung**. Das darf niemand auslöschen.

Erzieherin: Vielleicht findet das kranke Kind Freunde und wird froh. Vielleicht gibt es einmal Frieden in der ganzen Welt. Vielleicht ist die Liebe einmal stärker als das Böse.

Anderes Kind: Dieses Licht ist schwach. Lösch es aus!

Alle Kinder: Nein, es darf nicht gelöscht werden! Niemals!

Erzieherin: Seht, was das Licht der Hoffnung tut!

(Die Erzieherin zündet die anderen Lichter mit dem Hoffnungslicht wieder an. Dann wird das Lied „Wer traurig ist, wird wieder froh“ gesungen.)

Ein Licht leuchtet auf in der Dunkelheit

2. Ein Kind kommt zu uns auf die Welt.
   Das Kind wird ein mächtiger König sein.
   Ein König, der treu zu uns hält.
   Und alle dürfen sich freu'n.
   Ein König des Friedens. Ein König der Freude.
   Wir wissen ja alle davon: …

3. Viel stärker als Leid und als Not.
   Und in seinem Reich wird stets Friede sein.
   Viel stärker als Krieg und als Tod.
   Und alle dürfen sich freu'n.
   Ein König des Friedens. Ein König der Freude.
   Wir wissen ja alle davon: …

Text: *Rolf Krenzer*
Melodie: *Detlev Jöcker*

(Im Refrain kann man nach „ein Licht" dreimal schnell in die Hände klatschen.)

Kleine Kerze, leuchte

Kleine Kerze, leuchte
hier bei uns zu Haus.
Wenn du genug geleuchtet hast,
dann puste ich,
dann puste ich,
dann puste ich dich aus.

Kleine Kerze, morgen
bist du wieder dran.
Und wenn du wieder leuchten sollst,
dann zünden wir,
dann zünden wir,
dann zünden wir dich an!
Zisch! Zisch!

Rolf Krenzer

Spielanleitung: Zuerst werden die Hände ganz dicht aneinander gehalten und dann immer weiter geöffnet, um zu zeigen, wie weit die Kerze leuchtet. Wenn die Kerze dann ausgepustet wurde, verschwinden die Hände ganz schnell hinter dem Rücken. Zum zweiten Vers kommen die Hände wieder hervor und zeigen, zisch, zisch, wie das Streichholz an der Streichholzschachtel reibt, damit die Kerze wieder angezündet werden kann.

Zeige uns dein Licht

Guter Gott,
manchmal haben wir Angst,
wenn es dunkel um uns ist.
Manchmal ist es auch dunkel in uns,
wenn wir traurig sind.
Wir bitten dich, Gott,
zeige uns dein Licht. Amen.

Die Geschichte vom Weihnachtslicht

Als die Engel den Hirten verkündet hatten, dass im Stall von Betlehem der König der Welt geboren worden war, suchte jeder nach einem passenden Geschenk, das er dem Kind in der Krippe mitbringen wollte. „Ich bringe ein Schaf mit“, meinte der eine. „Ich eine Kanne voll frischer Milch“, sagte ein anderer. „Und ich eine warme Decke, damit das Kind nicht friert!“, rief ein Dritter.
Unter den Hirten war auch ein Hirtenjunge. Der war bettelarm und hatte nichts, was er dem Kind schenken konnte. Traurig lief er zum Schafstall und suchte in dem winzigen Eckchen, das ihm gehörte, nach etwas, das er vielleicht doch mitbringen konnte. Aber da war nichts, was auch nur den Anschein eines Geschenkes hatte.
In seiner Not zündete der Hirtenjunge eine Kerze an und suchte in jeder Ritze und jeder Ecke. Doch alles Suchen war vergebens. Da setzte er sich endlich mitten auf den Fußboden und war so traurig, dass ihm Tränen an den Wangen herunterliefen. Daher bemerkte er auch nicht, dass ein anderer Hirte in den Stall gekommen war und vor ihm stehen blieb.
Er erschrak, als ihn der Hirte ansprach: „Da bringen wir dem König der Welt alle möglichen Geschenke. Ich glaube aber, dass du das allerschönste Geschenk hast.“
Erstaunt blickte ihn der Hirtenjunge mit verweinten Augen an. „Ich habe doch gar nichts“, sagte er leise. Da lachte der Hirte und meinte: „Schaut euch den Knirps an! Da hält er in seiner Hand eine leuchtende Kerze und meint, er habe gar nichts!“ „Soll ich dem Kind vielleicht eine Kerze schenken?“, fragte der Junge aufgeregt. „Es gibt nichts Schöneres“, antwortete der Hirte leise. Da stand der Hirtenjunge auf, legte seine Hand schützend um die kleine Flamme und machte sich mit den Hirten auf den Weg.

Geschichte

Sie kamen zum Stall. Es war kalt und dunkel dort. Als aber der Hirtenjunge mit seiner Kerze den Stall betrat, da breiteten sich ein Leuchten und eine Wärme aus und alle konnten Maria und Josef und das Kind in der Krippe sehen.
Die Hirten knieten vor der Krippe und beteten den Herrn der Welt, das Kind mit Namen Jesus, an. Danach übergaben sie ihre Geschenke. Der Hirtenjunge aber stellte seine Kerze ganz nah an die Krippe und er konnte deutlich das Leuchten in Marias und Josefs Augen sehen. „Das kleine Licht ist das allerschönste Geschenk", sagten die Hirten leise.
Und alle freuten sich an dem schönen Weihnachtslicht, das sogar den armseligen Stall warm und hell machte. Der Hirtenjunge aber spürte, wie in ihm selbst eine Wärme aufstieg, die ihn immer glücklicher machte. Da musste er wieder weinen. Jetzt weinte er aber, weil er sich so glücklich fühlte. Bis zum heutigen Tag zünden die Menschen vor Weihnachten Kerzen an, weil ihnen das kleine Licht immer wieder Freude und Geborgenheit schenkt.

Nach einer Legende

(Diese Geschichte kann auch als szenisches Spiel dargestellt werden.)

Hoffnungszweig

Die Kinder erzählen, was sie auf den Bildern sehen.
Die Botschaft wird herausgestellt: Auch wenn es zunächst so aussieht, als wäre der gefällte Baum tot, wächst wieder ein grüner Hoffnungszweig.
Die vor dem Gespräch vergrößerten und abgepausten Bilder werden nun bunt ausgemalt und dann an die Wand gehängt. Der folgende Bibeltext wird gelesen:

Der Baumstumpf Isais

Das Volk Israel war in großer Not. Da sprach Gott durch seinen Propheten Jesaja: Wenn alles so aussieht, als könnte nichts mehr gut werden, dann kommt die Rettung. Das ist so, als würde ein Baum abgehauen und aus dem toten Baumstumpf wächst ein neuer Zweig. Ein Mensch wird geboren, der alles gut macht. Dann wird es möglich sein, dass alle, die Feinde sind, friedlich miteinander umgehen.
Der Wolf wohnt mit dem Lamm zusammen, der Löwe und das Kalb sind auf einer Weide und tun sich nichts, auch der Bär und die Kuh leben friedlich miteinander. Ein kleines Kind kann mit einer giftigen Schlange spielen.

Nach dem Buch Jesaja 11,1–10

Der grüne Zweig

*(Die Kinder sitzen im Kreis.
Um den Adventskranz in der Mitte liegt
für jedes Kind ein grüner Zweig bereit.)*

In der Mitte sehen wir den Adventskranz.
Er ist aus grünen Zweigen gemacht.
Diese Tannenzweige bleiben immer grün,
auch im Winter, wenn alle anderen Blätter abfallen.
Deshalb sind diese grünen Zweige ein Zeichen.
Sie sagen uns: Gott ist da.
Er gibt uns Mut und Hoffnung.
Jedes Kind darf sich jetzt
einen grünen Zweig nehmen.

(Jedes Kind nimmt sich einen Zweig).

Wir schauen unseren Zweig ganz genau an:
Da sind die kleinen dünnen Äste.
An jedem sind viele grüne Nadeln.
Manchmal sehen wir kleine runde Kügelchen,
vielleicht sind es winzige Tannenzapfen.
Sie sagen uns: Dieser grüne Zweig lebt.

Vorsichtig fahren wir mit dem Finger
einer Hand über die grünen Nadeln.
Vielleicht sind sie ganz weich,
vielleicht sind sie hart und pieksen.
Jeder Zweig, jede Nadel ist ein Wunder.
Sie sagen uns: Gott hat dich lieb,
auch wenn du traurig bist.
Gott ist da.
Deshalb haben wir den Adventskranz
aus grünen Tannenzweigen gestaltet.
Er sagt uns: Gott schickt Jesus,
seinen Sohn, damit wir Menschen
Hoffnung haben.
Deshalb zünden wir auch die Lichter
am Adventskranz an,
weil wir Freude und Hoffnung
weitergeben möchten.
Vorsichtig legen wir jetzt
unsere kleinen Zweige
wieder in die Mitte
um den Adventskranz herum.

Der Tannenbaum

Am Rand einer Lichtung im Wald stand ein wunderschöner kleiner Tannenbaum. Er streckte seine Zweige dem Himmel und der Sonne entgegen. Er freute sich, dass er da war und wuchs immer weiter.
Es wurde Herbst. Alle Bäume verloren ihre Blätter. Nur unser kleiner Tannenbaum behielt seine grünen Nadeln.
Seine grünen Zweige waren schon immer ein Zeichen der Hoffnung.
Dann kam der Winter. Schnee fiel auf den kleinen Baum. Die Nächte waren kalt und klar. Viele Sterne standen am Himmel. Der kleine Baum spürte: Bald geschieht etwas ganz Besonderes mit mir.
Eines Tages kamen Menschen mit einer Axt. Sie schlugen den kleinen Tannenbaum um. Sie nahmen ihn mit nach Hause. Dort schmückten sie ihn wunderschön mit Lichtern und Sternen.
Ganz hell strahlte er.
Die Menschen sangen: Jesus ist geboren, das Licht der Welt. Als der kleine Tannenbaum das hörte, wusste er: Ich stehe hier und strahle, weil Jesus Licht in die Welt gebracht hat und allen Menschen Hoffnung schenkt!

Elsbeth Bihler

Zeichen der Hoffnung und Freude

Guter Gott, wir Menschen brauchen Hoffnung.
Viele Menschen leben in Angst und Not.
Hilf uns, dass wir für andere wie der grüne Zweig
zum Zeichen der Hoffnung und Freude werden.
Amen.

O Tannenbaum

Text: *A. Zarnack*
Melodie: *E. Anschütz*

Tannenbaum aus Tonpapier

Material: Grünes, rotes und gelbes Tonpapier
Schere
Klebstoff

Den Grundriss eines Tannenbaumes (vgl. S. 25) auf das grüne Tonpapier zeichnen und ausschneiden. Rote Kerzen und gelbe Sterne in passender Größe ausschneiden und an den Baum kleben. So kann man auch Weihnachtskarten mit einem Tannenbaum gestalten.

Der Stern von Betlehem

Text	**Bewegungen**
Jeden Abend leuchten am Himmel viele tausend Sterne.	In der Hocke auf dem Boden sitzen und langsam aufstehen.
Rund sind sie.	Mit den Händen einen Kreis formen.
Sie ziehen ihre Bahn.	Sich im Kreis drehen.
Sie leuchten und verteilen ihre Strahlen.	Die Arme hochhalten.
Sie sehen immer wieder anders aus.	Die Arme ausbreiten.
Schön sind sie, die Sterne in dunkler Nacht.	Verschiedene Sternformen erfinden.
Manchmal verdecken Wolken die Sterne. Dann sieht man sie nicht.	In die Hocke setzen und in Ruhestellung bleiben.
Wenn der Wind die Wolken fortbläst, kann man sie wieder sehen. Kleine und große Sterne gibt es. Ohne zu ruhen, ziehen sie am Himmel ihre Bahn.	Sich wieder erheben. Zu zweit oder dritt einen Stern bilden und sich im Kreis drehen.
In einer Nacht erscheint am Himmel ein ganz großer leuchtender Stern. Wie eine Blume, wie eine Sonne leuchtet er auf. Die Menschen blicken zum Himmel und fragen: Was bedeutet dieser Stern? Kommt Unheil über uns oder kommt der Himmel, der Friede auf die Erde?	Alle bilden einen Stern, gehen im Kreis und halten die Arme hoch. *Franz Kett*

Er leuchtet still

Text: *Wolfgang Longardt* / Melodie: *Detlev Jöcker (Das wünsch ich sehr)*

Sternentanz zum Lied

In die Mitte des Kinderkreises werden sternförmig acht 10 cm breite und 2 m lange gelbe Streifen aus Stoff, Taft oder Krepppapier gelegt. An jedes Ende tritt ein Kind heran. Der Kanon wird zunächst gesummt, dann immer wieder gesungen.
Beim ersten Durchsingen heben die Kinder langsam den Stern aus Bändern so hoch, dass er nicht auseinander fällt. Beim zweiten Durchsingen gehen sie mit erhobenem Stern langsam im Kreis. Beim dritten Durchgang legen sie ihn langsam wieder auf den Boden.
Diese Abfolge kann mehrmals wiederholt werden mit den gleichen oder mit wechselnden Kindern.

Eine Wintergeschichte

Es war einmal ein Mann. Er besaß ein Haus, einen Ochsen, eine Kuh, einen Esel und eine Schafherde.
Der Junge, der die Schafe hütete, besaß einen kleinen Hund, einen Rock aus Wolle, einen Hirtenstab und eine Hirtenlampe.
Auf der Erde lag Schnee. Es war kalt und der Junge fror. Auch der Rock aus Wolle schützte ihn nicht.

„Kann ich mich in deinem Haus wärmen?“, bat der Junge den Mann. „Ich kann die Wärme nicht teilen. Das Holz ist teuer“, sagte der Mann und ließ den Jungen in der Kälte stehen.
Da sah der Junge einen großen Stern am Himmel. „Was ist das für ein Stern?“, dachte er. Er nahm seinen Hirtenstab, seine Hirtenlampe und machte sich auf den Weg. „Ohne den Jungen bleibe ich nicht hier“, sagte der kleine Hund und folgte seinen Spuren. „Ohne den Hund bleiben wir nicht hier“, sagten die Schafe und folgten seinen Spuren. „Ohne die Schafe bleibe ich nicht hier“, sagte der Esel und folgte ihren Spuren. „Ohne den Esel bleibe ich nicht hier“, sagte die Kuh und folgte seinen Spuren. „Ohne die Kuh bleibe ich nicht hier“, sagte der Ochse und folgte ihren Spuren.
„Es ist auf einmal so still“, dachte der Mann, der hinter seinem Ofen saß.
Er rief nach dem Jungen, aber er bekam keine Antwort. Er ging in den Stall, aber der Stall war leer. Er schaute in

den Hof hinaus, aber die Schafe waren nicht mehr da.
„Der Junge ist geflohen und hat alle meine Tiere gestohlen!“, schrie der Mann, als er im Schnee die vielen Spuren entdeckte.
Doch kaum hatte der Mann die Verfolgung aufgenommen, fing es an zu schneien. Es schneite dicke Flocken. Sie deckten die Spuren zu. Dann erhob sich ein Sturm, kroch dem Mann unter die Kleider und biss ihn in die Haut. Bald wusste er nicht mehr, wohin er sich wenden sollte.
Der Mann versank immer tiefer im Schnee. „Ich kann nicht mehr!“, stöhnte er und rief um Hilfe.
Da legte sich der Sturm. Es hörte auf zu schneien, und der Mann sah einen großen Stern am Himmel. „Was ist das für ein Stern?“, dachte er.
Der Stern stand über einem Stall, mitten auf dem Feld. Durch ein kleines Fenster drang das Licht einer Hirtenlampe.
Der Mann ging darauf zu. Als er die Tür öffnete, fand er alle, die er gesucht hatte, die Schafe, den Esel, die Kuh, den Ochsen, den kleinen Hund und den Jungen.
Sie waren um eine Krippe versammelt. In der Krippe lag ein Kind. Es lächelte ihm entgegen, als ob es ihn erwartet hätte.
„Ich bin gerettet“, sagte der Mann und kniete neben dem Jungen vor der Krippe nieder.
Am anderen Morgen kehrten der Mann, der Junge, die Schafe, der Esel, die Kuh, der Ochse und auch der kleine Hund wieder nach Hause zurück.
Auf der Erde lag Schnee. Es war kalt. „Komm ins Haus“, sagte der Mann zu dem Jungen, „ich habe Holz genug. Wir wollen die Wärme teilen.“

Max Bolliger

(Die Wintergeschichte kann auch als szenisches Spiel gestaltet werden: Der Junge, der Mann und die Tiere bekommen farbige Tücher umgehängt; der Stern wird von zwei Kindern dargestellt, die ein gelbes Tuch halten. Als Schneesturm schwenken Kinder graue und weiße Tücher. Das Haus wird von zwei Erzieherinnen mit vier Tüchern gebildet.)

Verklanglichung der Geschichte

Vorstellung	**Verklanglichung**
Mann	*tiefe Töne auf dem Xylophon*
Haus	*4 Schläge auf der Holzblocktrommel*
Ochse	*große Handtrommel*
Kuh	*kleine Handtrommel*
Esel	*Holzröhrentrommel*
Schafe	*Schellenkranz*
Junge	*hohe Töne auf dem Xylophon*
Hund	*Klanghölzer*
Schnee/ Schneesturm	*Töne im Arpeggio auf dem Metallophon*
Stern	*Triangel*

Bei der Verklanglichung darauf achten, dass die Geräusche der einzelnen Tiere so lange gespielt werden, wie die Tiere zusammen gehen, sodass nachher eine Zeit lang alle Instrumente gleichzeitig gespielt werden.

Sternenkerzenständer

Aus gelber Pappe oder einem mit Goldpapier beklebten Bierdeckel wird ein sternförmiger Untergrund geschnitten, auf den ein Teelicht geklebt wird.

Einen Stern gestalten

In die Mitte des Raumes werden zwei quadratische gelbe Tücher versetzt übereinander gelegt, sodass ein großer, gelber Stern zu sehen ist. In den Mittelpunkt wird eine bunte Kugel oder ein Ring gelegt, um die/den herum die Kinder Strahlen in verschiedenen Farben und mit verschiedenen Materialien legen können. Am Ende der Strahlen werden wieder kleine Sterne aus unterschiedlichen Materialien gestaltet, sodass auf dem gelben Tuchstern ein bunter Stern entsteht, der in viele kleine Sterne mündet.

Bereitet dem Herrn den Weg

Kurz bevor Jesus Gottes frohe Botschaft verkündete, erhielt Johannes von Gott einen Auftrag. Johannes zog an den Fluss Jordan und sagte den Menschen: Ändert euch, werdet gut, denn Gott kommt in die Welt!
So machte er das, was der Prophet Jesaja vorher gesagt hatte: Eine Stimme ruft in der Wüste:

Bereitet dem Herrn den Weg! Ebnet ihm die Straßen! Jede Schlucht soll aufgefüllt werden, jeder Berg und Hügel sich senken. Was krumm ist, soll gerade werden, was uneben ist, soll zum ebenen Weg werden. Und alle Menschen werden das Heil sehen, das von Gott kommt.

Nach Lukas 3,1–6

Johannes ist ein Bote

Der Prophet Jesaja hat gesagt:
Bereitet dem Herrn den Weg!
Bereitet ihm den Weg, damit er
zu euch gelangen kann!
Johannes ist ein Bote.
Er sagt uns:
Nach mir kommt Jesus.
Er will zu uns kommen.
Er will den Weg in unsere Herzen finden.

Deshalb sagt Johannes:
Kehrt um von allem, was böse ist.
Räumt alles aus dem Weg,
was euch stolpern lässt.
Der Prophet Jesaja hat gesagt:
Füllt alle Schluchten aus!
Tragt die Berge ab!
Was krumm ist, soll gerade werden.

Wir überlegen:
Ist mein Herz offen?
Kann Jesus zu mir kommen?

Jesaja sagt:
Ja, denn alle Menschen
werden das Heil sehen,
das von Gott kommt.

Johannes der Täufer

Text	**Handlung**
Auf dem Bild seht ihr Johannes. Er hat seinen Zeigefinger ausgestreckt. Er zeigt auf Jesus.	*Alle Kinder machen die Zeigegeste nach.*
Johannes war ein Verwandter von Jesus.	*Ein Kind zeigt auf das Kreuz über dem Altar.*
Die Eltern von Johannes waren Zacharias und Elisabet.	*Zwei Kinder stellen sich mit Tüchern verkleidet in die Mitte.*
Als Zacharias erfuhr, dass seine Frau Elisabet ein Kind bekommen sollte, wollte er es nicht glauben, denn Elisabet war schon viel zu alt dafür. Deshalb bestrafte Gott ihn. Zacharias wurde stumm und konnte nicht mehr sprechen. Aber Gott hatte ihm auch gesagt, dass sein Kind etwas ganz Besonderes sein würde.	*Der „Zacharias" hält sich die Hand vor den Mund.*

Text	Handlung
Dann wurde Johannes geboren. Die Nachbarn und Verwandten freuten sich mit Elisabet und Zacharias. Sie fragten: Wie soll er denn heißen?	*Kinder kommen und schütteln „Elisabet und Zacharias" die Hand.*
Weil Zacharias nicht reden konnte, ließ er sich eine Tafel bringen. Darauf schrieb er: JOHANNES. Als er das geschrieben hatte, konnte er wieder reden.	*Ein Kind hält eine Tafel hoch mit dem Namen „Johannes".*
Die Leute erschraken, denn sie spürten: Hier war Gott ganz nah.	*Kinder spielen „Erschrecken".*
Zacharias aber sang ein Loblied und sprach: Du Kind wirst dem Herrn vorangehen und ihm den Weg bereiten.	
Johannes wurde groß und zog in die Wüste. Dort kamen viele Leute zu ihm. Und Johannes erzählte ihnen, dass der Retter, der Erlöser, bald kommt.	*Ein Tuch in „Wüstenfarben" wird zum Weg gelegt.*

Auf dem Weg zur Krippe

Im Gruppenraum oder im Eingangsbereich des Kindergartens oder der Schule wird auf Folie ein Weg aus Sand, Steinen und Tannenzweigen gelegt. Am Ende des Weges steht ein Stall mit einer leeren Krippe. An den Beginn des Weges wird am ersten Advent eine dicke Kerze gestellt, am zweiten Advent die zweite usw. Auch die Krippenfiguren werden nach und nach auf den Weg gestellt: Die Schafe, die Hirten, Ochs und Esel, Maria und Josef, die Könige. Sie werden jeweils mit einem kleinen Sprechspiel vorgestellt. An jedem Tag im Advent dürfen Kinder Strohhalme in die Krippe legen, damit das Jesuskind zu Weihnachten weich liegt.

Guter Gott, wir warten darauf, dass Jesus kommt.
Wir gehen ihm entgegen. Mit uns sind viele auf dem Weg:
Die Hirten, die Könige, die Schafe, der Ochse, der Esel
und alle Menschen, die darauf warten, dass Jesus geboren
wird. Wir bitten dich: Zeige uns den Weg zur Krippe. Amen.

Auf dem Adventsweg

Maria und der Engel

*(Ein Kind stellt die Figur der Maria,
ein anderes einen Engel auf den Weg.)*

Erzieherin:
Ich bin Maria, eine hebräische Frau.
Mit Josef lebe ich in Nazaret.
Bald kommt mein Sohn Jesus zur Welt.
Der Kaiser in Rom hat befohlen,
dass wir in den Ort gehen sollen,
in dem wir geboren wurden.
Er will uns zählen.
Wir müssen fortgehen.
Nun mache ich mir Sorgen,
wo mein Kind geboren werden soll.
Ob alles gut gehen wird?
Damals, als der Engel zu mir kam, war das so:

Ich bin die Magd des Herrn

Maria lebte in der Stadt Nazaret. Sie wollte Josef heiraten. Da sandte Gott seinen Engel Gabriel zu ihr.
Der Engel sagte: Sei gegrüßt, Maria, der Herr ist mit dir. Maria erschrak sehr. Der Engel sagte zu ihr: Fürchte dich nicht, Maria; denn Gott hat etwas Besonderes mit dir vor. Du wirst ein Kind bekommen, einen Jungen. Du sollst ihm den Namen Jesus geben. Er wird groß sein wie ein König. Maria sagte zu dem Engel: Wie kann das sein, da ich mit keinem Mann zusammen bin? Der Engel antwortete ihr: Der Heilige Geist wird über dich kommen und die Kraft Gottes wird dich überschatten. Deshalb wird auch das Kind heilig und Sohn Gottes genannt werden. Da sagte Maria: Ich bin die Magd des Herrn; es soll so geschehen, wie du es gesagt hast. Danach verließ sie der Engel.

Nach Lukas 1,26–38

Guter Gott, Advent heißt Ankunft. Du willst zu uns kommen, so, wie du zu Maria gekommen bist.
Wir bitten dich, mach unsere Herzen weit, damit sie dich aufnehmen können. Amen.

Josef

(Ein Kind stellt eine Figur des Josef auf den Weg.)

Erzieherin:
Ich bin Josef.
Ich gehöre zur Familie des Königs David.
Aus meiner Familie soll der Retter,
der Erlöser geboren werden.
Jetzt bekommt Maria plötzlich ein Baby.
Woher kommt das Kind?
Ein Engel, ein Bote Gottes sagte
im Traum zu mir: Josef, Sohn Davids,
nimm Maria, deine Verlobte zu dir
und sorge für das Kind, als wäre es dein eigenes,
denn es kommt von Gott.
Zuerst war ich traurig, bis ich verstanden habe.
Ich will dem Sohn Gottes einen guter Vater sein
und ihn auf seine Aufgabe, unser Retter zu sein,
vorbereiten.

Josef hört auf Gottes Wort

In Nazaret lebte Josef, ein frommer Mann. Er wollte Maria heiraten, seine Verlobte. Da zeigte es sich, dass Maria ein Kind erwartete. Josef wusste: Das war nicht sein Kind.
Er beschloss, sich von Maria zu trennen. Während er noch darüber nachdachte, sprach im Traum ein Engel, ein Bote Gottes zu ihm:
Josef, fürchte dich nicht, Maria zu heiraten. Das Kind, das sie erwartet, kommt von Gott, vom Heiligen Geist. Sie wird einen Sohn zur Welt bringen. Du wirst ihn behüten wie ein guter Vater.
Als Josef aus seinem Traum erwachte, machte er alles so, wie es Gott ihm aufgetragen hatte.

Nach Matthäus 1,18–24

Guter Gott, in unserer Mitte steht Josef. Er hatte eine große Verantwortung: Er musste für Maria und Jesus sorgen.
Er hat auf Gott gehört und getan, was Gott von ihm wollte.
Hilf auch uns, dass wir dich immer besser verstehen. Amen.

Gott will bei uns sein

(Alle sitzen an der Krippe mit den Figuren von Jesus, Maria und Josef und werden still.)

Wir schauen in die Mitte.
Dort sehen wir, was wir heute feiern:
Wir sehen einen Mann,
wir sehen ein Frau.
Und wir sehen das Kind.
Jesus ist geboren.
Gott kommt zu den Menschen.
Gott wird Mensch, so wie wir.
Gott lässt uns nicht allein.
Gott will bei uns sein.

Jesus ist geboren

In der Zeit, als Jesus geboren werden sollte, war Augustus Kaiser in Rom. Er wollte wissen, wie viele Menschen in seinem Reich lebten. Er gab den Befehl, dass alle Menschen in ihre Geburtsstadt gehen sollten, um sich dort in Listen eintragen zu lassen.
So zog auch Josef mit Maria, die ein Kind erwartete, von der Stadt Nazaret in Galiläa nach Judäa in die Stadt Betlehem. Viele Menschen waren unterwegs und in Betlehem waren alle Herbergen belegt. Deshalb ging Josef mit Maria in einen Stall. Dort wurde Jesus geboren. Maria wickelte ihn in Windeln und legte ihn in eine Futterkrippe.

Nach Lukas 2,1–7

Guter Gott,
Weihnachten ist da.
Dein Sohn Jesus ist geboren.
Wir freuen uns und danken dir.
Amen.

Hirten und Schafe

(Einige Kinder stellen Hirten und Schafe auf den Weg.)

Erzieherin:
Wir sind Hirten.
Wir bewachen nachts eine Schafherde
in der Nähe von Betlehem.
Die Arbeit ist hart.
Nachts müssen wir in der Dunkelheit aufpassen,
dass keine Wölfe kommen und Schafe fressen.
Die Menschen im Dorf mögen uns nicht.
Sie sagen, wir stinken und tun nicht, was Gott will.
Trotzdem haben wir gehört,
dass der Retter bald kommen soll.
Er wird uns bestimmt mögen.
Hoffentlich findet er uns auch
auf den dunklen Feldern.

Sie fanden das Kind in der Krippe

In der Umgebung von Betlehem waren Hirten auf dem Feld und bewachten ihre Herden. Da kam der Engel Gottes zu ihnen und es wurde ganz hell. Die Hirten fürchteten sich sehr; der Engel aber sagte zu ihnen: Fürchtet euch nicht, denn ich verkünde euch eine große Freude, die alle Menschen erfahren sollen: Heute ist in der Stadt Davids der Retter geboren; er ist der Messias, der Herr. Und das ist das Zeichen: Ihr werdet ein Kind finden, das in einer Krippe liegt und in Windeln gewickelt ist! Plötzlich waren bei dem Engel noch viele andere Engel, die Gott lobten und sangen: Ehre sei Gott in der Höhe und Friede bei den Menschen, die zu ihm gehören. Dann verließen sie die Engel. Die Hirten sagten zueinander: Kommt, wir gehen nach Betlehem. Sie liefen zum Stall und fanden Maria, Josef und das Kind in der Krippe. Die Hirten kehrten zurück auf ihre Felder, rühmten Gott und priesen ihn für das, was sie gehört und gesehen hatten; denn alles war so gewesen, wie es ihnen gesagt worden war.

Nach Lukas 2,8–16.20

Guter Gott, die Engel verkünden zuerst den Hirten auf dem Feld die Geburt Jesu im Stall. Sie sind arm und viele Menschen schauen auf sie herab. Du liebst alle Menschen. Jeder und jede von uns ist einzigartig und wertvoll für dich. Hilf uns, dass wir das nicht vergessen. Amen.

Könige

(Drei Kinder stellen die Könige zur Krippe.)

Erzieherin:
Wir Könige schauten zu Hause
den Sternenhimmel an.
Eines Tages sahen wir einen ganz hellen Stern.
Wir waren uns einig:
Dieser Stern bedeutet etwas ganz Besonderes.
Ein Kind wird geboren, ein König.
Dieses Neugeborene wird für viele Menschen
wie ein helles Licht in dunkler Nacht sein.
Mit unseren Gaben machten wir uns
sofort auf den Weg, um das Kind zu suchen,
auch wenn viele Menschen
uns nicht verstehen.

Sie machten sich auf den Weg

Die Sterndeuter, Könige aus dem Osten, machten sich auf den Weg. Sie hatten einen Stern aufgehen sehen, der ihnen die Geburt des neuen Königs der Juden anzeigte. Nun wollten sie ihn suchen und ehren. Und der Stern, den sie entdeckt hatten, zog vor ihnen her bis zu einem Stall in Betlehem, an den Ort, wo das Kind war. Dort blieb er stehen.
Die Sterndeuter gingen in den Stall und sahen das Kind und Maria, seine Mutter. Da knieten sie sich hin und verehrten ihn. Dann holten sie ihre Schätze hervor und schenkten ihm Gold, Weihrauch und Myrrhe.

Nach Matthäus 2,1.9–11

Guter Gott, die Heiligen Drei Könige haben sich von weit her auf den Weg gemacht. Sie sind dem Stern bis zum Kind in der Krippe gefolgt. Wir alle sind eingeladen zu dir zu kommen. Dafür danken wir dir. Amen.

Quellennachweis

S. 4: aus: Wir öffnen unsere Herzen (MC), © Chris Herbring Musik, Neuss.
S. 12: aus: Das Liederbuch zum Umhängen I. © Menschenkinder Verlag und Vertrieb GmbH, Münster.
S. 16: © Christophorus Verlag, Freiburg im Breisgau.
S. 19: aus: Weihnachten ist nicht mehr weit (MC), © Menschenkinder Verlag und Vertrieb GmbH, Münster.
S. 20: aus: Rolf Krenzer, Spiel und Spaß das ganze Jahr. Geschichten, Lieder, Gedichte, Spielideen, © 2005 Lahn-Verlag, Limburg – Kevelaer, S. 77.
S. 27: aus: Religionspädagogische Praxis, Handreichung für elementare Religionspädagogik, Jhg. 1983, Nr. IV, S. 10, „Adventliche Zeichen", © RPA-Verlag, Landshut.
S. 28: aus: Sei gegrüßt, lieber Nikolaus, © Menschenkinder Verlag und Vertrieb GmbH, Münster.
S. 29: © beim Verfasser.

Leider war es nicht in allen Fällen möglich, den Rechtsinhaber ausfindig zu machen. Entsprechende Hinweise nimmt der Verlag gerne entgegen.

Bibliografische Information der Deutschen Nationalbibliothek

Die Deutsche Nationalbibliothek verzeichnet diese Publikation in Der Deutschen Nationalbibliografie; detaillierte bibliografische Daten sind im Internet über http://dnb.d-nb.de abrufbar.

verlags gruppe engagement

ISBN-13: 978-3-7840-3374-7
ISBN-10: 3-7840-3374-1

Umschlagillustration: Eve Jacob, Baden-Baden
Umschlaggestaltung: Elisabeth von der Heiden, Geldern
Notensatz, Schriftsatz und Reproduktion:
Kontrapunkt Satzstudio Bautzen
Druck und Bindung: völcker druck, Goch